MERCADOTECNIA EN MÉXICO:

MEDIOS DE COMUNICACIÓN Y POLÍTICA

M.D.E. SOCORRO MÁRQUEZ REGALADO

M.A. ROBERTO PIÑÓN OLIVAS

M.C.P. ROMAN RENE MEDRANO CARRASCO

BSC

MÁRQUEZ - PIÑÓN - MEDRANO

Índice

Introducción

Existe una indudable vinculación entre el poder político y las estrategias para alcanzarlo, y la mercadotecnia. México no es la excepción.

Los partidos políticos postulan candidatos y buscan el voto de los electores a través de los medios de comunicación, sin excluir la nueva herramienta, las redes sociales, emergente mecanismo para construir mayorías.

Las elecciones del año 2006 presentaron con nitidez esas estrategias para convencer mediante plataformas electorales potenciadas por diversas estrategias de comunicación.

¿Que hizo cada uno de esos candidatos para vender su programa de gobierno? Y al final, ¿cuál fue el resultado?

El texto que tiene en sus manos pretende contestar esta interrogante presentando en un análisis particular cada una de estas estrategias.

Al final se incorpora un breve análisis del contexto mediático, en el cual existe una crisis de los medios conocidos como tradicionales, avasallados por ese fenómeno nuevo llamado redes sociales e internet.

Un poder político emergente con nuevas formas de hacer gobierno, con nuevos mecanismos de mediación, que en algunos casos se convierte en auténtica expresión social, directa, sin cortapisas.

CAPÍTULO 1

La mercadotecnia política: Estudio de caso en la elección presidencial de 2006; AMLO, Calderón y Madrazo

En el presente estudio se desarrollará un estudio de caso que permita al lector comprender la injerencia de la mercadotecnia política, particularmente en su vertiente electoral, en la arena política nacional. La situación coyuntural elegida es la elección presidencial del 2 de julio de 2006, puesto que un hecho cronológicamente reciente y donde se puede identificar con claridad la influencia del marketing político en el desarrollo del proceso electoral.

El presente caso no pretende constituirse en una explicación única, sino por el contrario busca aportar nuevas herramientas y ópticas de análisis que permitan contribuir a la discusión académica y debate que en torno a este comicio se han generado.

1.- Contexto Electoral

Para comprender la situación en que se desenvolvió la elección presidencial, resulta preponderante conocer cuál es el ambiente en que ésta se desarrolló, para identificar a los contendientes y las estrategias que utilizaron para llegar al gran elector conformado por

1

más de 70 millones de ciudadanos registrados dentro de la lista nominal. Destaca que en este proceso 7 de cada 10 mexicanos tuvimos la posibilidad de sufragar,[1] ya que había 11 millones y medio más de ciudadanos inscritos en la lista nominal, con respecto al 2000, como se puede observar en la siguiente tabla.

Tabla 4. Padrón Electoral y Lista Nominal (2000-2006)

Año	Padrón Electoral	Lista Nominal
2000	59,584,542	58,782,737
2006	73,021,678*	70,379,847*

Nota:
*Cifras estimadas al mes de julio del año en curso

Fuente: Elaboración propia con información de www.ife.org.mx

Otro aspecto a destacar, es que el 2 de julio estuvieron en juego 628 cargos más a nivel federal, que incluían 128 senadurías y 500 diputaciones. Además, se llevarían a cabo elecciones concurrentes en 9 estados del país y el Distrito Federal, donde se renovarían: 3 gubernaturas y la Jefatura de Gobierno del DF; 423 ayuntamientos y16 jefaturas delegacionales; y 359 diputaciones

---

[1] Dato derivado del porcentaje que representa la lista nominal con respecto a la población del país estimada en 103 millones de habitantes por el II Conteo de Población y Vivienda 2005.

locales (214 de mayoría relativa y 145 de representación proporcional).[2] No obstante, la investigación sólo se abocará a la elección presidencial debido al objetivo y naturaleza de la misma.

La elección presidencial estaba precedida por una gran expectativa, en primer lugar porque se trataba de la primera elección en que el Partido Revolucionario Institucional, después de más de setenta años, no se encontraba al frente de la máxima magistratura del país, ya que en el 2000 se dio la primera alternancia en la Presidencia de la República al ganar el candidato de la "Alianza por el Cambio" (ver tabla 5).

No obstante, el Partido Revolucionario Institucional se mantuvo como primera fuerza en el Senado y, por estrecho margen, en la Cámara de Diputados,[3]

Tabla 5. Resultados Elección Presidencial 2000

Candidato (Partido Político)	Votos	%
Vicente Fox (Alianza por el Cambio*)	15,989,636	42.5%
Francisco Labastida (Partido Revolucionario Institucional)	13,579,718	36.11%
Cuauhtémoc Cárdenas (Alianza por México**)	6,256,780	16.64%
Manuel Camacho Solís (Partido del Centro Democrático)	206,589	0.55%
Porfirio Muñoz Ledo (Partido Auténtico de la Revolución Mexicana***)	156,896	0.42%
Gilberto Rincón Gallardo (Democracia Social)	592,381	1.58%

Notas: *Se integró por el Partido Acción Nacional y el Partido Verde Ecologista de México. **Se integró por el Partido de la Revolución Democrática, el Partido del Trabajo, Convergencia, el Partido Alianza Social y el Partido Sociedad Nacionalista. *** Porfirio Muñoz Ledo declinó a favor de Vicente Fox

Fuente: Elaboración propia con información de www.ife.org.mx

---

[2] Información obtenida en www.consulta.com.mx

[3] El PRI obtuvo 208 diputados, el PAN 207, el PRD 53, el PVEM 16, Convergencia 1, el PT 8, el PSN 3, el

PAS 2 y 2 independientes-. Información localizada en "LVIII Legislatura" conformando así un gobierno dividido.

Por otra parte, se encontraba latente la posibilidad de que el Partido Revolucionario Institucional recuperar la Presidencia de la República, sobre todo por los magros resultados obtenidos por el presidente Fox, aunado a las victorias electorales obtenidas por este partido en los últimos comicios, destacando sobremanera el Estado de México, donde Enrique Peña Nieto, candidato de la Alianza por México, integrada por el PRI y el Partido Verde Ecologista del Estado de México, antiguo aliado del PAN, habían retenido la gubernatura al obtener el 47.6% de la votación; seguido por Rubén Mendoza Ayala, candidato del PAN con el 24.7% de los votos; y por Yeidckol Polevnsky, candidata del PRD, PT y Convergencia que obtuvo el 24.7% de los mismos (IEEM,2005).

Otro de los grandes contendientes para el 2 de julio era el PRD, que se encontraba con un gran margen de aceptación popular gracias al trabajo político realizado por Andrés Manuel López Obrador y la imagen de trabajo y austeridad que proyectó al frente de la Jefatura de Gobierno del Distrito Federal, así como por

en http://es.wikipedia.org

sus políticas asistenciales, que le ganaron gran simpatía entre la ciudadanía. Aspectos que fueron difundidos ampliamente en las conferencias matutinas del Jefe de Gobierno capitalino ante los medios de comunicación y, que al mismo tiempo, le ayudaron a fijar la agenda política ocasión en muchas ocasiones.

Derivado de ello, López Obrador sufrió diversos embates mediáticos en su contra, con fines evidentemente políticos, como la difusión de los llamados video escándalos donde aparecían personajes como René Bejarano (exsecretario particular de AMLO) y Gustavo Ponce (exsecretario de Finanzas del Distrito Federal), en situaciones comprometedoras. Aunado a un endeble proceso de desafuero que en lugar de debilitarlo, lo fortaleció ante la opinión pública [4] y culminó con la renuncia del Procurador General de la República.

2.- Selección De Candidatos

La selección de un buen candidato es una de los puntos más

---

[4] Como lo señala la encuesta "Desafuero del Jefe de Gobierno del Distrito Federal" elaborada por Consulta Mitofsky en marzo de 2005, donde se observa que mientras en septiembre de 2004, 58% de los capitalinos expresaba estar en contra del desafuero, para marzo de 2005, el 80% apoyaban a López Obrador. Es decir, en 6 meses su porcentaje de apoyo aumentó en 22 puntos porcentuales.

importantes dentro de cualquier campaña política, dado que "la

política hoy más que nunca, depende de la percepción pública"

(Homs,2005:109), y por lo mismo, se requiere de candidatos que,

no solamente concuerden con los ideales del partido que los

postule, sino que además sean atractivos para el electorado.

3.- Elección Interna Del PRI

El 7 de octubre de 2005 se inscribieron al proceso de elección

interna del Partido Revolucionario Institucional tres candidatos

(Mitofsky,2005): Roberto Madrazo Pintado, Presidente del Partido;

Arturo Montiel Rojas, ex gobernador del Estado de México y

representante del grupo Unidad Democrática;[5] y Everardo Moreno

Cruz, ex sub-procurador de la PGR, quienes competirían en un

---

5 Integrado por Tomás Yarrington (exgobernador de Tamaulipas), Enrique Martínez y Martínez (exgobernador de Coahuila), Enrique Jackson (Senador), Manuel Ángel Núñez Soto (exgobernador de Hidalgo), Eduardo Bours (gobernador de Sonora), Miguel Alemán Velasco (exgobernador de Veracruz) y José Natividad González Parás (gobernador de Nuevo León).

proceso abierto a la militancia y simpatizantes.

Una de las principales características de este proceso lo constituyó la utilización de una "campaña negra"[6] en contra del ex gobernador del Estado de México. A pocos días de iniciada su precampaña, Arturo Montiel fue objeto de un ataque masivo en los medios de comunicación electrónica e impresa, donde se le involucraba junto con otros familiares, en actos de corrupción y malversación de fondos públicos.

Revelación que afectaría negativamente a su campaña, a tal grado que lo obligaría a renunciar al proceso interno el 20 de octubre del 2005.

Por su parte, Everardo Moreno no aceptó declinar a favor de Madrazo a pesar del poco reconocimiento que tenía por parte de la ciudadanía en general y al interior de la militancia. El 13 de noviembre se realizó la jornada correspondiente donde se erigió como vencedor de la misma el expresidente nacional del PRI, con aproximadamente el 90% de los votos. La elección se caracterizó

---

[6] Entendida como un proceso de ataque político-mediático y poco ético, orientado a la descalificación de los adversarios y a mermar sus posibilidades de triunfo.

por la falta de interés de los priístas y de los ciudadanos en general, pues apenas se contabilizaron unos tres millones de votos en todo el país.

Una de las preocupaciones de los estrategas priístas fue, sin duda, revertir la imagen negativa de Madrazo, ya que si bien diversas encuestas lo posicionaban como uno de los candidatos más conocidos, también era el que tenía la imagen más negativa, pues lo vinculaban con corrupción y autoritarismo, como lo confirmó un estudio de opinión levantado por la encuestadora GEA-ISA, donde Madrazo era el candidato con mayor rechazo ciudadano, ya que concentraba el 45% de opiniones negativas (Arista,2006). Aspectos nada alentadores, sobre todo cuando se trataba de buscar el apoyo de la población abierta, ya que el "voto duro" del PRI resultaba insuficiente para ganar los comicios presidenciales.

4.- Elección Interna Del PVEM

A pesar de que entre las filas del Partido Verde Ecologista de México emergió la figura de Bernardo de la Garza como precandidato de este partido a la máxima magistratura del país, desplegando una fuerte campaña en medios electrónicos promoviendo iniciativas ambientales y de combate a la corrupción. No obstante, a finales de noviembre de 2005, el PVEM declinaría a su candidatura para apoyar al candidato del PRI, Roberto Madrazo, para que de esa forma se concretara la "Alianza por México", como unos meses antes se había realizado en el proceso para renovar la gubernatura mexiquense.

5.- Elección Interna Del PAN

En la elección interna de Acción Nacional participaron tres precandidatos: Alberto Cárdenas Jiménez, exgobernador de Jalisco; Santiago Creel Miranda, exsecretario de Gobernación; y Felipe Calderón Hinojosa, exsecretario de Energía.

La elección fue hecha entre los militantes del PAN en tres etapas que cubrieron los 31 estados y el Distrito Federal (Carvajal,2005). A finales de 2005, Felipe Calderón dio la sorpresa en la contienda al ser elegido como candidato de Acción Nacional, a pesar de la parcialidad mostrada por la estructura gubernamental a favor de Santiago Creel.

Aunque no fue una consulta abierta donde pudieran participar la población abierta, Calderón había derrotado al candidato oficial de la Presidencia de la República, situación que también le sirvió para marcar una distancia muy marcada con respeto a Vicente Fox y Martha Sahagún, quienes no contaban de gran aceptación popular debido al proceso de desafuero impulsado desde los Pinos en contra del ex jefe de Gobierno capitalino, así como por las graves acusaciones emergidas en torno al tráfico de influencias de Manuel, Jorge y Fernando Bibriesca Sahagún, hijos de la Primera Dama, a favor de una compañía constructora de su propiedad situación que ensombrecía y vaticinaba mal antecedente para el candidato panista.

Cabe destacar que Felipe Calderón también contó con el respaldo grupos empresariales y de instituciones religiosas, como la iglesia católica, que no compartían los ideales y propuestas de las otras opciones políticas. También incorporó a su campaña así como en labores de asesoramiento a activistas provenientes de otros partidos políticos, que estaban inconformes con la designación de sus respectivos candidatos a la Presidencia de la República y compartían el proyecto calderonista.

10

6.- Elección Interna Del PRD

En el Partido de la Revolución Democrática todo parecía indicar que se iba a presentar un proceso con dos candidatos naturales: por una parte Cuauhtémoc Cárdenas Solórzano, líder moral y fundador del partido del sol azteca; y por la otra, Andrés Manuel López Obrador, Jefe de Gobierno del Distrito Federal. Cabe destacar que era este último quien encabezaba las preferencias electorales entre la militancia del PRD. Según la primera encuesta Mitofsky sobre candidatos presidenciales, el 80% de los simpatizantes de este partido apoyaban la candidatura de Andrés Manuel López Obrador a la Presidencia de la República, mientras que sólo el 8% a Cuauhtémoc Cárdenas, y el restante 12% se distribuía entre otras opciones (Dóriga, 2003).

A pesar de las especulaciones y luego de un distanciamiento de forma y fondo entre ambos precandidatos, el 5 de julio a través de la prensa, el ingeniero Cárdenas "anunció su decisión de separar su candidatura a la Presidencia de México en las elecciones del 2006, de la contienda interna del Partido de la Revolución Democrática"

(Cárdenas,2006).

Así, Andrés Manuel López Obrador se convirtió en el candidato del PRD al contar con el apoyo de gran parte de la militancia y de un considerable sector de la sociedad, sobretodo después del malogrado proceso de desafuero que en términos mediáticos lo favoreció ante la población, posicionándolo como una especie de "mártir"[7] de la política nacional.

A su candidatura se sumaron el Partido del Trabajo y Convergencia quienes conformaron la "Coalición por el bien de todos" con el objeto de unir a las fuerzas políticas de izquierda y conformar un sólo frente progresista que respaldara la candidatura presidencial de López Obrador.

7.- Elección Interna Del PASC

El Partido Alternativa Socialdemócrata y Campesina obtuvo su registro ante el IFE en 2005 y sería uno de las dos nuevas opciones electorales que participarían en la contienda del 2 de julio de 2006. Patricia Mercado, fundadora

---

[7] Término con el que lo calificó el periodista Jorge Ramos Ávalos (2005) luego de una entrevista realizada para el canal estadounidense Univisión.

del Partido fue elegida como la candidata oficial del Partido que se

definió como "Una izquierda alternativa",[8] aunque ésta se complicó

cuando la fracción campesina postuló a Víctor González Torres[9]

como candidato externo. A pesar de la controversia generada,

finalmente el IFE declaró a Patricia Mercado como la candidata del

PASN.

Un aspecto relevante a destacar es que Mercado sería la

única mujer en la contienda presidencial y que orientaría su

campaña hacia las minorías como parte de su estrategia electoral.

Tratando de hacer congruente el logo del partido, en el cual aparece

una mano y en la parte superior la palabra alternativa.

8.- Elección Interna Del Partido Nueva Alianza

El Consejo General del Instituto Federal

---

8 Como se señala en el website del Partido: www.alternativa.org.mx/

[9] Personaje que basó su campaña en torno al "Dr. Simi", imagen de la cadena de "Farmacias Similares". González Torres buscó registrarse como candidato independiente pero la legislación electoral se lo prohibió. También desplegó una campaña publicitaria para que los ciudadanos votaran por él como candidato no registrado a la campaña presidencial. Finalmente, brindó su apoyo al candidato de la Alianza por México.

Electoral aprobó el 14 de julio de 2005[10] el registro del Partido Nueva Alianza que, bajo el slogan "Más que un Partido, es una idea de todos", buscaría competir por la máxima magistratura del país.

Varios nombres comenzaron a circular en cuanto a la candidatura presidencial de Nueva Alianza, entre ellos es de la maestra Elba Esther Gordillo, quien intervino directamente en la integración de este nuevo partido, que tiene sus bases en la estructura del Sindicato Nacional de Trabajadores de la Educación.

Sin embargo, el 8 de enero de 2006 se llevó a cabo la convención del partido que elegiría a su candidato presidencial, registrándose a la misma el exdiputado priísta Roberto Campa Cifrián, Alberto Cinta y Manuel Paz Ojeda, finalmente los dos últimos retiraron sus precandidaturas y Campa fue electo candidato por unanimidad.

---

[10] Información obtenida en el website del Partido: www.nueva-alianza.org.mx

CAPITULO 2

Estrategias De Campaña[11]

La campaña electoral, entendida como un ejercicio de comunicación política, implica inherentemente la utilización de diversas herramientas y medios que permitan posicionar en el mercado electoral la imagen, propuestas y mensaje de un candidato, las cuales varían dependiendo del objetivo que pretenda cada contendiente, como se podrá observar a continuación.

1.- Estrategia De Roberto Madrazo Pintado, Candidato De La Alianza Por México.

La estrategia de Roberto Madrazo[12] fue una de las más difíciles de diseñar por parte de los estrategas políticos, ya que -como se

---

[11] Los candidatos aparecen en el orden en que acudieron al IFE a registrar su candidatura.
[12] RMP se registró ante el IFE el 15 de enero de 2006.

mencionó anteriormente- proyectaba una imagen negativa hacia la población abierta, aspecto relevante si se considera que la votación cautiva del PRI y el PVEM sería insuficiente para obtener el triunfo en la contienda presidencial.

Objetivo: Recuperar la Presidencia de la República con apoyo del voto duro y la captación de nuevos simpatizantes.

Estrategia:[13] Visitar los lugares más poblados y con fuerte presencia priísta; dirigirse a sectores específicos —campesinos, jefas de familia, etc.; presentarlo como un candidato con fortaleza y con posibilidades de triunfo; mostrarlo como el candidato de un PRI que buscaba la unidad y no el conflicto. Sin embargo, al no obtener los resultados esperados en la primera etapa de la campaña, optaron por hacerse de los servicios de Carlos Alazraki quien creó spots de radio y televisión que mostraron a un Madrazo más enérgico y congruente con su personalidad, sobre todo cuando se tocaban aspectos de seguridad pública y problemas sociales.

Lema de Campaña: "Mover a México", mismo que utilizó durante el proceso interno, pero que posteriormente cambiaría a

---

[13] Información obtenida en el website www.lupaciudadana.com.mx

"Con Roberto Madrazo te va a ir muy bien", "Por Ti" y "Roberto si puede".

Imagen del candidato: Proyectaba una imagen negativa hacia la población en general, que distaba por mucho del discurso conciliador y renovador que enarboló durante su campaña.

Discurso: Los temas utilizados se enfocaron en impulsar el crecimiento económico del país y acabar con la inseguridad pública.

Propuestas de campaña: Su fundamento estuvo en el libro "Bases para un gobierno firme y con rumbo", en el cual delineaba una política económica destinada a equilibrar el presupuesto de egresos de la federación, reformar el sistema tributario, elevar la competitividad, reorientar el gasto público para reducir la pobreza y fortalecer el federalismo hacendario, entre otros. Adicionalmente, consideraba temas relacionados con la soberanía, gobernabilidad, transparencia, mujeres y jóvenes, salud, seguridad social, educación, desarrollo social, empleo, sector energético, desarrollo rural, desarrollo regional, agua y desarrollo sustentable (ITESM 2006).

Medios Utilizados: La campaña de Roberto Madrazo fue la que destinó mayor cantidad de recursos en medios de comunicación masiva. La estrategia estuvo concentrada en mensajes televisivos, seguida por la contratación de anuncios espectaculares y

radiofónicos. Además de inserciones en prensa y promocionales en

salas cinematográficas, donde también ocupó la primera posición

entre los demás contendientes. Su website

"mexicoconmadrazo.com" también se destacó por la cantidad de

recursos destinados a éste.

Tabla 6. *Inversión realizada en medios por la Alianza por México para la difusión de su candidato presidencial (19 de enero-28 de junio)*

Medio	Gasto	Lugar *
Televisión	$294,988,728.67	Primero
Anuncios Espectaculares	$69,784,346.50	Primero
Radio	$51,945,187.00	Tercero
Prensa	$20,787,600.19	Primero
Salas de Cine	$5,000,000.00	Primero
Páginas de Internet	$2,338,947.36	Segundo
TOTAL	$444,844,809.72	Primero

*Nota: el rubro lugar hace referencia a la posición que ocupó con respecto al gasto destinado por los demás candidatos.
Fuente: elaboración propia con información del informe especial de gastos aplicados a campañas electorales, consultado el 23 de octubre de 2006 en http://www.ife.org.mx/portal/site/ife/menuitem.2bf5ab21a511fe55d14648eb100000f7/?vgnextoid=4d4b1fa1c91ea010VgnVCM1000002c01000aRCRD

Debates[14]: Utilizó su experiencia política para aparecer como un

candidato mesurado que aprovechó los medios para criticar al

candidato de la Alianza por el Bien de Todos en el primer debate,

mientras que hizo lo consecuente en el segundo debate pero con

---

[14] Se realizaron dos debates presidenciales: el primero el 25 de abril, con la participación de cuatro candidatos debido a la declinación de Andrés Manuel López Obrador, quien argumentó que era parte de su estrategia de campaña; y el segundo el 6 de junio, donde acudieron los cinco candidatos registrados

Felipe Calderón, quien para entonces, había repuntado en las preferencias electorales.

Ataques Recibidos: Fue objeto de ataques mediáticos con spots, anuncios espectaculares y volantes con la leyenda "Tú le crees a Madrazo, yo tampoco". Incluso, en el debate del 6 de junio entre los candidatos presidenciales, Roberto Campa dio a conocer al auditorio información financiera e inmobiliaria del candidato de la Alianza por México que, indudablemente, estaba dirigida a poner en duda la honorabilidad del priísta.

Encuestas: A pesar de un cierre fuerte y de cuantiosas inversiones realizadas en medios de comunicación masiva, estaba en duda que pudiera recuperar el terreno cedido, sobretodo ante la aparición de otros candidatos que denostaban mayor acercamiento con la ciudadanía. Además, diversas encuestas de opinión siempre mostraron una misma tendencia con respecto a este candidato, las cuales lo posicionaban como la tercera posición en cuestión de preferencias electorales.

Gráfica 1

Preferencia Electoral RMP

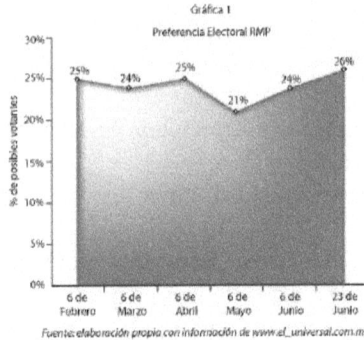

Fuente: elaboración propia con información de www.el_universal.com.mx

Como se puede observar en la gráfica 1, siempre mantuvo una tendencia estable que si bien alcanzó su cumbre al final de la campaña, ésta no discrepó en gran medida con el porcentaje registrado al inicio de la misma. Lo cual refleja el poco impacto que tuvo su campaña para cambiar la imagen del candidato y Partidos que representaba, y que a su vez lo ubicaron en un histórico tercer lugar en las preferencias electorales.

2.- Estrategia De Felipe Calderón Hinojosa, Candidato Del Partido Acción Nacional.

Objetivo: Mantener la Presidencia de la República para el Partido Acción Nacional con apoyo de los votantes indecisos.

Estrategia: Posicionar su imagen entre el electorado como un candidato firme y con "arraigados valores familiares". Sin embargo, debido a la inconsistencia presentada en una primera parte de la campaña, se reorientó la estrategia aquejando a su "honorabilidad" a través del reconocido además de las "manos limpias", así como atacar las debilidades de sus contrincantes, especialmente de AMLO a quien el PAN catalogó como "un peligro para México".

Lema de Campaña: Inició con "Mano Firme" para cambiar posteriormente a "Valor y pasión por México", "Candidato de las Propuestas, Presidente de las Soluciones" y "Presidente del Empleo".

Imagen del candidato: Conservadora, usaba por lo regular traje, corbata y camisa azul o blanca que representaban los colores de su partido. Y en los eventos masivos se quitaba la corbata y el saco para "denotar su cercanía como candidato". Aprovechó la coyuntura del mundial de fútbol de Alemania para aparecer en diversos medios electrónicos e impresos con varios seleccionados que le mostraron su apoyo.

Discurso: Buscó hacer llegar al electorado un mensaje de estabilidad política y económica; mientras que para el nicho de indecisos envió un mensaje de que con él se iban a incrementar las oportunidades de trabajo.

Propuestas de campaña: Estuvieron basadas en sus "lineamientos generales de política pública", los cuales se enfocaron en cinco temas prioritarios: Estado de Derecho y seguridad pública; democracia efectiva y política exterior responsable; economía competitiva; igualdad de oportunidades y desarrollo sustentable (ITESM,2006).

Medios Utilizados: Esta campaña se basó en la utilización de medios electrónicos. Aspecto que se corrobora con la fuerte inversión realizada en medios de comunicación masiva, ya que ocupó el primer lugar en cuanto a cantidad de recursos destinados a radio y el tercero en televisión. Destaca que para el mes de mayo se tenían contabilizados **215 millones 934 millones de pesos**, y según El Universal durante marzo y mayo, el PAN le apostó a sus spots de televisión, pues de **25 millones** que invirtió en los primeros dos meses, en el bimestre posterior erogó **71 millones 941 mil pesos**. En ese lapso fue cuando instrumentó la campaña contra Andrés Manuel López Obrador, en la que afirmaba que era un "Peligro para México" y que tenía relación con el subcomandante Marcos y el Presidente de Venezuela, Hugo Chávez (Hernández,2006:13).

Por la cantidad de recursos asignados, le siguieron la compra de anuncios espectaculares y, con lejanía, su página de Internet www.felipe-calderon.org y contratación de medios impresos (ver tabla 7).

Tabla 7. *Inversión realizada en medios por el Partido Acción Nacional para la difusión de su candidato presidencial (19 de enero-28 de junio)*

Medio	Gasto	Lugar *
Televisión	$127,276,523.34	Tercero
Radio	$91,599,678.49	Primero
Anuncios Espectaculares	$30,742,061.14	Segundo
Salas de Cine	$2,962,756.90	Segundo
Páginas de Internet	$2,751,736.77	Primero
Prensa	$2,505,233.50	Segundo
TOTAL	$257,837,990.14	Tercero

*Nota: el rubro lugar hace referencia a la posición que ocupó con respecto al gasto destinado por los demás candidatos.

Fuente: elaboración propia con información del informe especial de gastos aplicados a campañas electorales, consultado el 23 de octubre de 2006 en http://www.ife.org.mx/portal/site/ife/menuitem.2bfaab21a511fe89d14648eb100000f7/?vgnextoid=4d4b1fa1c91ea010VgnVCM1000002c01000aRCRD

Debates: Aprovechó el primer debate para atacar la ausencia del candidato de la Alianza por el Bien de Todos y calificarla como una falta de respeto al auditorio. Estrategia que le rindió frutos rápidamente, ya que para el mes de mayo Calderón escaló a la primera posición en las preferencias electorales. Para el segundo debate continuó con la misma estrategia.

Ataques Recibidos: El candidato del partido de la derecha también fue motivo de ataques, sobre todo en el segundo debate cuando AMLO dio a conocer contratos del cuñado de Calderón cuando éste se desempeñó como Secretario en el Gobierno Federal. Asimismo, sufrió la embestida mediática de intelectuales como Elena Poniatovska, quienes cuestionaban la parcialidad del proceso, sobre todo por el apoyo que estaba recibiendo Calderón de la estructura gubernamental y de organizaciones de ultraderecha como el Yunque.

Encuestas: Felipe Calderón al inicio de la contienda partió desde un segundo sitio, a 5 puntos porcentuales del primer lugar de acuerdo con una encuesta del periódico El Universal, levantada el 6 de febrero. Si bien después del primer debate subió considerablemente en las preferencias electorales, las descalificaciones presentadas en su contra mermaron su imagen de "manos limpias" e incluso influyeron para que disminuyeran sus preferencias en un 5% para la segunda quincena del mes de junio con respecto a mayo (ver gráfica 2).

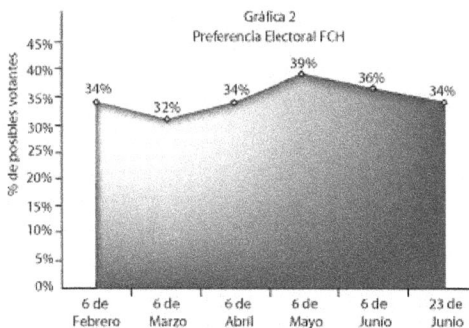

Gráfica 2
Preferencia Electoral FCH

Fuente: elaboración propia con información de www.el_universal.com.mx

Como se puede observar, la estrategia de Calderón fue eficiente en el sentido de que le permitió reducir el margen de manera considerable, hasta posicionarse en un empate técnico con el candidato de la izquierda; no obstante, tuvo sus deficiencias al no diseñar una contra campaña que limpiara su imagen de los ataques recibidos.

3.- Estrategia De Andrés Manuel López Obrador, Candidato De La Coalición Por El Bien De Todos.

Objetivo: Convertirse en el primer Presidente de la República con apoyo de tres partidos de izquierda y los grupos vulnerables de la sociedad mexicana.

Estrategia: Posicionar al candidato de la Alianza por el Bien de Todos como la alternativa de los pobres, identificando a este sector como su nicho electoral; así como atacar sistemáticamente al Presidente Vicente Fox por el incumplimiento de sus promesas de campaña y por los errores cometidos durante su gestión. La estrategia de AMLO tuvo que ser reorientada ante la disminución de sus preferencias electorales luego de que le resultara contraproducente "callar al Presidente de la República" y decirle "chachalaca".

Lema de Campaña: Andrés Manuel López Obrador fue

consistente al usar desde un inicio los siguientes lemas "Por el bien de todos, primero los pobres" y "Cumplir es mi fuerza".

Imagen del candidato: Desde que estaba en la Jefatura del Gobierno del Distrito Federal siempre buscó proyectar una imagen de austeridad, al viajar en vehículos compactos, vivir en departamentos de colonias de clase media y difundir las obras de su gobierno –como los segundos pisos del Periférico- y sus programas de asistencia social –la pensión de adultos mayores- que le reportaron gran simpatía por parte de los beneficiarios y los sectores marginados.

Discurso: Fue un mensaje agresivo, polarizante y radical, orientado a los sectores con bajo nivel adquisitivo.

Propuestas de campaña: Se basaron en sus "50 compromisos para recuperar el orgullo nacional", donde destacaban el establecimiento de la pensión alimentaria para adultos mayores; garantizar el salario mínimo por encima de la inflación; crear 200 preparatorias y 30 universidades públicas; evitar la libre importación de maíz y fríjol, prevista en el TLC; modernizar el sector energético, sin privatizar la industria eléctrica ni el petróleo; resolver el Fobaproa; no cobrar IVA en alimentos y medicinas;

ahorrar 100 mil millones anuales en la burocracia; convertir las Islas Marías en la Isla de los Niños; y construir un nuevo Aeropuerto Internacional en Tizayuca, entre otras (ITESM,2006).

Medios Utilizados: En un principio, su campaña se dirigió al reparto de volantes, mantas, desplegados, muñequitos con la efigie del candidato y demás medios de comunicación directa. Mientras que en los medios de comunicación masiva mantenía una presencia aceptable, donde se incluía un programa diario en TV Azteca donde se daba seguimiento a sus actividades.

Después de los ataques mediáticos recibidos, los perredistas cambiaron su estrategia y buscaron tener una mayor presencia en los medios electrónicos. Tan es así que la Coalición por el Bien de Todos cerró el reporte de gastos de campaña del 15 de marzo con 62 millones 226 mil, y dos meses después, la cifra pasó a 198 millones 365 mil pesos (Hernández,2006:13). Es decir, en este periodo triplicó los recursos destinados a radio y televisión, ya que el equipo de AMLO impulsó una fuerte campaña mediática para revertir los spots del PAN.

La reorientación mediática de esta campaña se puede observar con el balance final de recursos destinados a medios, donde se encuentran los mensajes televisivos en primer lugar, seguido por los radiofónicos. Mientras que con un gasto inferior se encuentra la compra de espacios en anuncios espectaculares, y muy por debajo las inserciones en prensa (ver tabla 8).

Tabla 8. Inversión realizada en medios por la Coalición por el Bien de Todos para la difusión de su candidato presidencial (19 de enero-28 de junio)

Medio	Gasto	Lugar *
Televisión	$267,987,504.05	Segundo
Radio	$89,807,229.43	Segundo
Anuncios Espectaculares	$24,512,768.68	Tercero
Prensa	$1,304,616.23	Tercero
TOTAL	*$383,612,118.39*	*Segundo*

*Nota: el rubro lugar hace referencia a la posición que ocupó con respecto al gasto destinado por los demás candidatos.

Fuente: elaboración propia con información del informe especial de gastos aplicados a campañas electorales, consultado el 23 de octubre de 2006 en http://www.ife.org.mx/portal/site/ife/menuitem.2bfaab21a511fe89d14648eb100000f7/?vgnextto id=4d4b1fa1c91ea010VgnVCM1000002c01006aRCRD

Debates: El candidato de la izquierda venía precedido de un amplio margen de popularidad que desde un año antes habían registrado las encuestas de opinión, de hecho, ésta sería su excusa para no asistir al primer debate programado por el IFE, ya que, señaló, que como parte de su estrategia no tenía que exponerse a los ataques de sus adversarios. Sin embargo, su inasistencia resultó contraproducente ya que los otros candidatos, con excepción de Patricia Mercado, aprovecharon la ocasión para denostarlo.

Para el segundo debate asistió con una estrategia eminentemente ofensiva, destinada a contraatacar a Calderón, al proporcionar información comprometedora relacionada con el cuñado del candidato panista, que para ese momento repuntaba ya en las preferencias electorales.

Ataques Recibidos: Sin duda fue el candidato más afectado por las denostaciones y ataques de sus contrincantes. En primer lugar por Roberto Madrazo quien lo calificó de intolerante e irrespetuoso al cancelar su asistencia al primer debate. Posteriormente, desde el Partido Acción Nacional conformaron una "campaña negra" cuestionable en términos éticos, pero efectiva en términos prácticos, ya que lograron disminuir su popularidad a través de la emisión de diversos spots de radio y televisión que vinculaban a López Obrador con personajes populistas y lo catalogaban como un "Peligro para México".[15]

Encuestas: Debido a que AMLO fue el precandidato con mayor popularidad, fue objeto de ataques mediáticos que incidieron negativamente en sus preferencias electorales. Lo cuestionable es que cuando las encuestas favorecían al exjefe de Gobierno capitalino, éste las reconocía, más no así cuando sucedía lo

---

[15] Especialmente al vincularlo con el presidente venezolano Hugo Chávez, que ha sustentado su gobierno en una ideología de izquierda, con políticas populistas y un marcado sentimiento nacionalista.

contrario (ver gráfica 3).

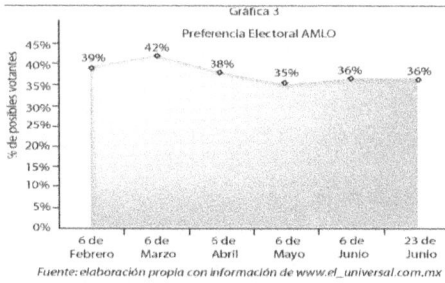

Gráfica 3
Preferencia Electoral AMLO

Fuente: elaboración propia con información de www.el_universal.com.mx

En términos generales la estrategia de López Obrador le funcionó como precandidato a la perfección, pero no así en la contienda presidencial debido a la inconsistencia mostrada durante la misma y por la afectación que sufrió su imagen ante el grupo de electores indecisos, producto de la campaña negativa desarrollada en su contra.

A su vez, su mensaje al estar tan focalizado en un exclusivo nicho de mercado, le ganaría la animadversión de otros grupos sociales, como el clero y los empresarios, que no se identificaron con sus propuestas de campaña.

Destaca además, la arrogancia e intolerancia que mostró ante los medios nacionales, tanto electrónicos como impresos que lo criticaron, sobre todo por su ausencia en el primer debate y errores al criticar la investidura presidencial. La conjunción de estos factores afectarían negativamente su imagen, especialmente en el tramo final de la contienda electoral.

4.- Estrategia De Patricia Mercado, Candidata Del Partido Alternativa Socialdemócrata Y Campesina.

Objetivo: Como Partido de reciente creación su objetivo prioritario era obtener un mínimo de votos que representaran el 2% de la votación valida emitida el día de la jornada electoral, con la finalidad de mantener su registro ante el IFE y las prerrogativas correspondientes.

Estrategia: Enfocar la campaña en la imagen de la candidata, siendo la única mujer participante en la contienda presidencial, y presentarla como la alternativa para los grupos alternativos.

Lema de Campaña: "La Alternativa está en tus manos", "tú alternativa es clara", "alternativa es diferente o no es" y "Palabra de Mujer".

Imagen de la candidata: Proyectaba una imagen atractiva para el electorado, de ideales progresistas y liberales, y con gran acercamiento con los grupos vulnerables de la sociedad.

Discurso: Fue la única candidata que evitó la confrontación con los otros contendientes, por el contrario envió un mensaje conciliador y propositito, enfocado en sus propuestas de campaña.

Propuestas de campaña: Estuvieron basadas en tres puntos: la nueva forma de hacer política; familias diversas, familias seguras; y economía del conocimiento. En las cuales presentaba propuestas para disminuir la desigualdad por origen social y capacidad económica, la discriminación entre mujeres y hombres, por pertenencia étnica, por preferencias sexuales y creencias religiosas, así como la desigualdad entre las regiones, entre el campo y la ciudad, en el acceso a la justicia.[16]

Medios Utilizados: A diferencia de los candidatos antes analizados, la campaña de Patricia Mercado se orientó hacia el contacto directo con la ciudadanía, a través de reuniones, conferencias y presentaciones en diversos foros. Tuvo una reducida

---

[16]   Información obtenida en el website del Partido: www.alternativa.org.mx/

presencia en los medios electrónicos y una gran limitante presupuestal, ya que fue la que menos recursos invirtió durante su campaña proselitista (ver tabla 9). Tan es así que la totalidad de los recursos invertidos a medios por este partido, tan sólo representaron el 1.5% de los destinados respectivamente por la Alianza por México.

Tabla 9. Inversión realizada en medios por el Partido Socialdemócrata y Campesino para la difusión de su candidata presidencial (19 de enero-28 de junio)

Medio	Gasto	Lugar *
Televisión	$4,881,474.00	Quinto
Radio	$1,752,036.70	Quinto
TOTAL	$6,633,510.70	Quinto

*Nota: el rubro lugar hace referencia a la posición que ocupó con respecto al gasto destinado por los demás candidatos.

Fuente: elaboración propia con información del informe especial de gastos aplicados a campañas electorales, consultado el 23 de octubre de 2006 en http://www.ife.org.mx/portal/site/ife/menuitem.2bfaab21a511fe80d14648eb100000f7/?vg nextoid=4d4b1fa1c91ea010V'gnVCM1000002c01000aRCRD

Debates: Aprovechó el espacio mediático para dar a conocer sus propuestas ante el público en general.

Ataques Recibidos: Fue la única candidata que no sufrió ataques de sus adversarios y que incluso la reconocieron por su campaña propositiva.

Encuestas: La tendencia registrada por los sondeos de opinión durante el transcurso de la campaña, confirmaban un aumento de las preferencias electorales a su favor, las cuales si bien no le alcanzarían para ganar la contienda, si serían suficientes para mantener el registro del Partido Alternativa Socialdemócrata y Campesina ante el IFE (ver gráfica 4).

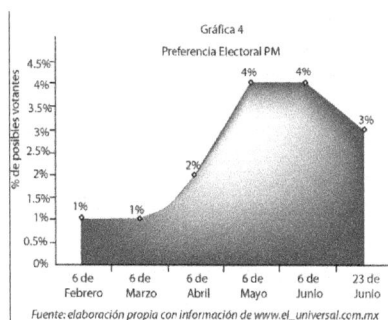

Gráfica 4
Preferencia Electoral PM

Fuente: elaboración propia con información de www.el_universal.com.mx

A pesar de la austeridad en que se desarrolló la campaña de Patricia Mercado, ésta puede ser considerada eficiente en el sentido de que elevó su reconocimiento en el mercado electoral y, al mismo tiempo, ubicó al PASC en una posición real de mantener su registro como partido político nacional.

5.- Estrategia De Roberto Campa Cifrián, Candidato Del

Partido Nueva Alianza.

Objetivo: Obtener como mínimo el 2% del porcentaje de la votación valida emitida en los comicios presidenciales para conservar el registro de Nueva Alianza ante el Instituto Federal Electoral.

Estrategia: Orientar la campaña en torno el tema educativo y posicionar a Roberto Campa mediante la confrontación con el candidato de la Alianza por México.

Lemas de Campaña: "Con la fuerza de la educación" y "Soluciones jóvenes para problemas viejos", que contrastaba negativamente con el candidato y su pasado político. Al final de la contienda se usó el lema "dame uno de tres" con la intención de promover a los candidatos de Nueva Alianza al Congreso Federal.

Imagen del candidato: Proyectaba una imagen parca y ausente de carisma. Aspectos que inhibieron su posicionamiento y lo distanciaron del mercado electoral.

Discurso: Manejó un mensaje limitado, que estuvo orientado en dos puntos preponderantes: por una parte, en reflexionar sobre la importancia de la educación en México; y por la otra, confrontar y denostar a Roberto Madrazo.

Propuestas de campaña: El eje fundamental de su Programa de Acción giró en torno al un sólo tema: la educación. Adicionalmente enfatizaba en temas como Estado de Derecho, legalidad y seguridad pública; reforma energética; desregulación administrativa; reforma macroeconómica; reforma hacendaria; reforma laboral; y nuevos mecanismos de crédito (ITESM,2006).

Medios Utilizados: Tuvo poca presencia en medios electrónicos de alcance nacional. No obstante, la difusión de su campaña se concentró en mensajes televisivos, seguido con lejanía por los anuncios espectaculares, radiofónicos y medios impresos, como se puede observar en la siguiente tabla.

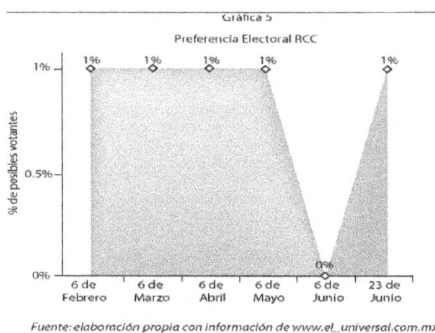

Fuente: elaboración propia con información de www.el_universal.com.mx

En términos generales, la estrategia de campaña presidencial del Partido Nueva Alianza fue deficiente debido a su monotonía, por no contar con un candidato carismático y por hacer del ataque sistemático a otro contendiente, parte de su campaña. Elementos que, al conjuntarse, cimentaron a Roberto Campa en el último lugar de las preferencias electorales.

CAPITULO 3

1.- Jornada Electoral

Después de varios meses de campañas –del 19 de enero al 28 de junio- y de algunos cambios en las preferencias electorales (ver gráfica 6), sobre todo entre los candidatos de la Coalición por el Bien de Todos y del Partido Acción Nacional, todo estaba listo para que el 2 de julio más de 70 millones de mexicanos eligieran al Presidente de la República para el periodo 2006-2012.

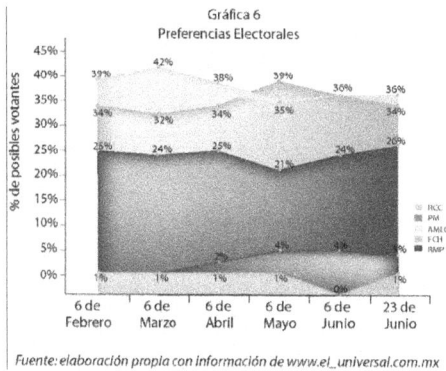

Gráfica 6
Preferencias Electorales

Fuente: elaboración propia con información de www.el_universal.com.mx

Las últimas encuestas levantadas a nivel nacional (ver tabla 11) colocaban a López Obrador y Felipe Calderón en un empate técnico, debido a que la diferencia entre ambos era reducida y se encontraba dentro del margen de error considerado por las propias encuestadoras.[17]

Por otra parte, el candidato de la Alianza por México se encontraba rezagado hasta el tercer lugar de las preferencias; sin embargo, no se descartaba un ligero repunte el día de la elección. A su vez, los sondeos de opinión indicaban que el Partido Alternativa Socialdemócrata y Campesina conservaría su registro ante el IFE; mientras que el Partido Nueva Alianza difícilmente lo haría.

Tabla 11. Resultados de las últimas Encuestas

	El Universal	Reforma	Mitofsky	Milenio	La Crónica
	26%	25%	27%	29.6%	26%
	34%	34%	33%	30.5%	34%
	36%	36%	36%	33.4%	34%
	3%	--	3%	4.1%	4%
	1%	--	1%	0.5%	1%

Nota: Las encuestas de Consulta Mitofsky y La Crónica fueron publicadas el 22/06/06, mientras que las restantes el 23/06/06.

Fuente: Elaboración propia con información de las casas editoras.

Cada uno de los candidatos justificó sus posicionamientos con base en los resultados de las encuestas de salida que, cada uno por su parte, mandaron realizar y en los cuales resultaban ganadores

---

[17] Los cuales iban desde + - 2 hasta + - 5.

respectivamente. Sin embargo, oficialmente esto no fue reconocido dados los cambios que estaba evidenciando el Programa de Resultados Preliminares del IFE, el cual si bien no pudo determinar una tendencia ganadora si mostró consistencias con los resultados esperados para los demás candidatos.

Es decir, que Roberto Madrazo, candidato de la Alianza por México obtendría el tercer lugar de las preferencias electorales, mientras que Patricia Mercado obtendría el 2% necesario de votos para mantener el registro del Partido Alternativa Socialdemócrata y Campesina, mientras que seguía en duda la permanencia del Partido Nuevo Alianza debido a la baja votación recibida por su candidato Roberto Campa.

Al terminar el cómputo de actas en los 300 consejos distritales, el Instituto Federal Electoral (IFE) informó que Felipe Calderón Hinojosa obtuvo el mayor número de sufragios en la elección presidencial del 2 de julio, al recibir 15 millones 284 sufragios, equivalentes a 35.89% de la votación total. Mientras que Andrés Manuel López Obrador, obtuvo 14 millones 756 mil 350, equivalentes a 35.31% de la votación total. La diferencia entre ambos fue tan sólo de 0.58 puntos porcentuales (ver tabla 12 y gráfica 7).

Tabla 12. Resultados del Cómputo Distrital
de la Elección Presidencial

	Votos	%
	15,000,284	35.89
	14,756,350	35.31
	9,301,441	22.26
	1,128,850	2.70
	401,804	0.96

Fuente: Elaboración propia con información de www.ife.org.mx

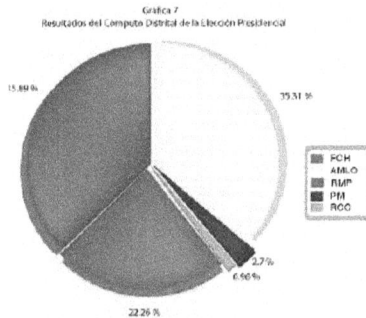

Gráfica 7
Resultados del Cómputo Distrital de la Elección Presidencial

Fuente:elaboración propia con información de www.el_universal.com.mx

Un aspecto a destacar en la jornada electoral, es la influencia que ejercieron la imagen y propuestas de los candidatos presidenciales en el electorado, observándose dos tendencias: por una parte, se pueden apreciar que Felipe Calderón, Andrés Manuel López Obrador y Patricia Mercado tuvieron un mejor posicionamiento, puesto que obtuvieron más votos que los que sus respectivos partidos alcanzaron en cuanto a la elección de

42

Senadores y Diputados Federales; por otra parte, con Roberto Madrazo y Roberto Campa ocurrió lo opuesto, dado que obtuvieron menos votos que sus candidatos al Congreso de la Unión (ver tabla 13).

Tabla 13. Resultados electorales
(Congreso de la Unión)

	Senado		Cámara de Diputados	
	Votos*	%	Votos*	%
	14,035,503	33.63	13,845,122	34.38
	12,397,068	29.70	12,013,360	29.83
	11,681,395	27.99	11,676,589	29.00
	1,688,198	4.04%	1,883,494	4.68
	795,730	1.91%	850,985	2.11
*Correspondientes a la votación total emitida				

Fuente: Elaboración propia con información de los Acuerdos de validez de elección de Senadores y Diputados localizados en www.ife.org.mx

2.- Etapa Postelectoral

Los resultados anunciados por la autoridad electoral provocaron inconformidades, sobretodo por los integrantes de la Coalición por el Bien de Todos, quienes impugnaron el proceso y trasladaron la pugna al Tribunal Electoral del Poder Judicial de la Federación. El 9 de julio la Coalición integrada por los partidos de la Revolución Democrática, del Trabajo y Convergencia, presentó la impugnación a la elección presidencial, en la cual pretendían contar voto por voto y casilla por casilla, bajo los siguientes argumentos: inequidad, uso de recursos públicos en favor del candidato panista, intervención del presidente Vicente Fox y hasta un video sobre la presunta participación de la empresa Hildebrando en el padrón electoral (Ramos,2006:PP).

Como medio de presión los integrantes de la Coalición convocaron a la realización de mítines, marchas[18] y la instalación de un campamento en el Paseo de la Reforma de la ciudad de México, los cuales estuvieron acompañados por la presión mediática ejercida a través de spots de televisión donde se aludía a un fraude electoral delineado desde la Presidencia de la República.

Asimismo, se impulsó la aparición del excandidato en diversos medios de comunicación donde cuestionó la actuación del IFE y del propio Tribunal Electoral. Incluso, haciendo gala de un discurso cada vez más agresivo, se llegó a ostentar como Presidente electo, de ello da cuenta la entrevista realizada por la cadena televisiva estadounidense Univisión, en la cual Andrés Manuel López Obrador dijo "Yo ya soy presidente. Yo gané la elección presidencial. Yo soy el presidente de México por voluntad de la

---

[18] Destacando la marcha del Museo Nacional de Antropología al zócalo realizada el domingo 16 de julio, en la cual estaría acompañado por candidatos de la misma coalición, intelectuales y dirigentes de los partidos que impulsaron la alianza electoral. Marcha que sería transmitida por señal satelital para una mayor difusión (Rodríguez,2006:PP).

mayoría de los mexicanos" (Ramos y Jiménez,2006:PP).

No obstante, a principios de agosto, los magistrados del Tribunal Electoral determinaron rechazar el recuento total de votos y sólo hacerlo en 11 mil 839 casillas de 149 distritos ubicados en 26 estados (Ramos y Merlos,2006:PP). Al mismo tiempo, comenzó a emerger una contracampaña en la cual diversas organizaciones se pronunciaban por el respeto de las instituciones y la legalidad de la jornada electoral del 2 de julio.

Aunado a las declaraciones de Felipe Calderón Hinojosa, quien señaló con insistencia lo siguiente: "Queremos que se respete la voluntad popular, la decisión que los mexicanos ya tomaron en las urnas, eso y no otra cosa, es la verdadera defensa de la democracia, así que nadie pretenda ganar en las calles lo que no obtuvo en las urnas" (Jiménez y Ramos,2006:PP).

La contracampaña panista, si bien podría considerarse pasiva, le otorgó buenos dividendos a su candidato, puesto que evitó la polarización del conflicto postelectoral y mantuvo una imagen positiva y conciliadora de Felipe Calderón ante la ciudadanía en general.

Al resolver los 375 juicios de inconformidad presentados por los partidos políticos, los magistrados del Tribunal Electoral del Poder Judicial de la Federación anularon 237 mil 736 votos del proceso, los cuales no alteraron el resultado final. De esa forma, se confirmó la ventaja de Felipe Calderón Hinojosa sobre el candidato de la coalición Por el Bien de Todos, como se puede observar en la siguiente tabla:

Tabla 14. Resultados Finales avalados por el
Tribunal Electoral del Poder Judicial de la Federación

	Votos	%
(PAN)	14,916,927	35.89
	14,683,096	35.33
	9,237,000	22.22
	1,124,280	2.70
ALIANZA	397,550	0.95[26]

Fuente: Elaboración propia con información del dictamen relativo al cómputo final de la elección de Presidente de los Estados Unidos Mexicanos, y declaración de validez de la elección y de Presidente electo, pp37-38 del TEPJF.

Al obtener el 35.89% de la votación total que ascendió a 41 millones 557 mil 430 sufragios, incluyendo los votos no registrados y anulados, el Tribunal Electoral calificó como válida la elección y el 6 de septiembre hizo entrega de la constancia que acredita a Felipe Calderón Hinojosa como Presidente Electo (El Universal,2006ª:PP)

No obstante, el candidato de la Coalición por el Bien de Todos desconoció el fallo y amenaza con continuar sus acciones de resistencia por tiempo indefinido (Ramos,2006a:PP).

BIBLIOGRAFÍA

EL UNIVERSAL, (2006), "Pelean voto por voto", 3 de julio, México, D.F. EL UNIVERSAL, (2006a), "Dan a Felipe constancia en medio de protestas", 7 de septiembre, México, D.F.

HERNÁNDEZ, Erika, (2006), "Doblan gasto de campañas en radio y TV" en Diario Reforma, 12 de junio.

JIMÉNEZ, Sergio Javier y Andrea Merlos, (2006), "Recuento en 9% de casillas; sigue la resistencia: AMLO" en El Universal, 6 de agosto, México, D.F.

MITOFSKY, (2005), Boletín Semanal de Consulta, AñoIV, N° 143, octubre, México, D.F.

RAMOS, Jorge, (2006), Presenta el PRD impugnación a proceso electoral" en el Universal, 10 de julio, México D.F.

RODRÍGUEZ, Lilia, (2006), "AMLO marcha en compañía de sus hijos" en El Universal, 16 de julio, México D.F.

CÁRDENAS, Cuauhtémoc, (2006), "Semblanza", recuperado el 19 de septiembre, de:

http://www.cardenas2006.org/index2.html

DÓRIGA, López Joaquín, (2003), "La primera encuesta Mitoksky sobre candidatos presidenciales", recuperado del 19 de septiembre

de   http://66.102.7.104/search?q=cache:4Ht7EjT4PUoJ:

www.radioformula.com.mx/programas/lopezdoriga/articulos.asp

%3FID%3D19288+encuesta+aventaja+l%C3%B3pez+obrador+a

+c%C3%A1rdenas&hl=es&gl=mx&ct=clnk&cd=6

INEGI, (2005), "II Conteo de Población y Vivienda 2005" en

Instituto Nacional de Estadística, Geografía e Informática,

recuperado el 18 de septiembre de 2006 de:

http:// www.inegi.org.mx

RAMOS, Ávalos Jorge, (2005), "Yo no quiero ser mártir",

entrevista realizada al candidato AMLO el 2 de mayo para

Univisión,   recuperado   de

http://www.univision.com/content/content.jhtml;jsessionid=QX

43FJMX0QA4ECWIABJSFEYKZAAD0IWC?chid=3&schid=160

&secid=3117&cid=596711& pagenum=1

http://www.alternativa.org.mx/

http://www.consulta.com.mx

http://www.el_universal.com.mx

http://www.ife.org.mx

http://es.wikipedia.org

http://www.lupaciudadana.com.mx

http://www.nueva-alianza.org.mx

ITESM, (2006), "Propuestas de candidatos presidenciales", documento interno elaborado por la Escuela de Graduados en Administración Pública del Instituto Tecnológico y de Estudios Superiores de Monterrey.

CAPÍTULO 4

Medios de Comunicación Off Line Vs. Medios On Line:

Exclusión o Integración Mercadotécnica

Resumen

Los medios de comunicación impresos, radio y televisión son desplazados en apariencia por nuevas e interactivas tecnologías. El declive en audiencia es paradójico con su utilidad como contrapeso del abuso de poder y con la inversión que está por encima del recurso destinado a medios digitales. Los medios on line tienen como ventaja un inmenso auditorio, con quien posibilitan la retroalimentación continua, situación ajena a los medios tradicionales. De la revisión a la literatura realizada con motivo del presente trabajo se encuentra la coincidencia en que ambos medios se complementan y no se excluyen en términos de marketing.

Palabras Clave

Medios de comunicación off line y on line, marketing, publicidad.

1.- Introducción

Uno de los conceptos más aceptados del marketing es el que lo define como "el resultado de la actividad de las empresas que dirige el flujo de bienes y servicios desde el productor hasta el consumidor o usuario, con la pretensión de satisfacer a los consumidores y permitir alcanzar los objetivos de las empresas" (Coca, 2006).

La evolución de la mercadotecnia ha sido gradual. En un inicio se realizaba de boca en boca por los clientes de un producto o servicio. Luego fueron los medios de comunicación masivos tradicionales (off line), prensa, radio y televisión, el vehículo preferente para la promoción. Hoy son las herramientas de internet (on line), como redes sociales, buscadores o páginas web, las que permiten una promoción multimedia personalizada al consumidor. Modernidad e instrumentos arcaicos como los mercados conviven en la actualidad (Fischer, 2011).

Hoy en día los periódicos impresos desaparecen extintos por su baja circulación y migran a la internet. La radio y la televisión, medios de comunicación, de una sola vía, sin posibilidad de retroalimentación, son superados por la video comunicación interactiva de las plataformas basadas en internet, flexible, ágil, y global (Himpe et al, 2008).

De acuerdo con Tavares (2019) la circulación total estimada de los diarios estadounidenses ha disminuido en un cincuenta por ciento; la publicidad se ha caído casi en dos tercios y la fuerza laboral a la mitad.

El mercado publicitario a nivel mundial en 2015 (Zenithmedia, 2019) fue del orden de los 545 mil millones de dolares y se estima que será de 563 mmdd en 2019.

En México, en 2019 la inversión en publicidad se proyecta en los 4.2 mil millones de dólares (Statista, 2019), distribuidos el 55 por ciento en Televisión abierta y de paga; 19 por ciento en internet; 2.5 por ciento en periódicos y 8.9 por ciento en radio (Merca2.0-1, 2019).

Al 2016 los medios impresos recibían más ingresos por circulación que por publicidad en una proporción de 3 a 1. Situación paradójica porque la circulación desciende año con año. Para 2017 la circulación de periódicos se calculó en 7.2 millones de ejemplares y la proyección para 2022 es que caerá en 200 mil unidades (2.7%) (El Economista, 2018).

El promedio diario de circulación en México se concentra en los diarios que se editan en la capital del país. La Prensa (287,321), El Gráfico (285,558), Esto (191,662), Reforma (132,262), El Universal (130,307 y Excelsior (120,032) son los líderes en circulación diaria (Merca2.0-2, 2019).

En Chihuahua, el Heraldo circula 73 mil 781 ejemplares a nivel estatal; El Diario en Juárez circula 56,000 y el Diario de Chihuahua 78,000 (Segob, 2019).

Los periódicos han migrado a internet mediante portales digitales que reproducen la información publicada en el impreso con la ventaja adicional de utilizar imagen, audio y video. El Universal se encuentra en el lugar 15 como sitio web, con 17.7 millones de visitas diarias; Milenio se encuentra en el lugar 34; Excelsior en el lugar 59 y Reforma en el 76 (Merca2.0-3,2019).

En el Estado de Chihuahua en los últimos tres años han desaparecido tres periódicos, el Heraldo de la tarde, el Norte y Crónica. Recientemente la Organización Editorial Mexicana cerró los periódicos regionales en los municipios de Cuauhtémoc y Delicias (Diario, 2019).

Paradójicamente, "su decadencia nos recuerda su importancia. Los periódicos impresos y en línea son los guardianes de la democracia y el estado de derecho. Proporcionan información a los ciudadanos, movilizan a los grupos en torno a los problemas y sirven como vigilantes contra los delitos o excesos de poder" (Tavares, 2019).

Ante ello, se plantea la siguiente pregunta de investigación: ¿siguen siendo los medios de comunicación tradicionales off line importantes para la mercadotecnia?

El objetivo del presente ensayo es determinar la importancia de los medios de comunicación off line en la mercadotecnia. Para ello se realizó una consulta en la literatura existente utilizando como motor de búsqueda el sistema de indización de revistas de acceso abierto de calidad científica y editorial certificada denominado Redalyc, durante los meses de febrero y marzo del 2019.

La importancia como concepto caracterizador es definido como lo conveniente para cumplir el objeto o finalidad de una acción (RAE, 2019); en el caso de la mercadotecnia en estricto sentido es el posicionamiento del producto o la marca en un mercado con fines de satisfacer necesidades (Mestre & Guzman, 2014), en un mundo sumamente complejo, donde la mercadotecnia es indispensable (Romero et al, 2014), con fenómenos paradójicos desde el punto de vista social y espacial, como es el caso de la dispersión y/o la alta concentración poblacional.

La hipótesis planteada es que pese a las dificultades que enfrentan los medios de comunicación tradicionales, también conocidos como off line, siguen siendo importantes para la mercadotecnia, es decir, para posicionar productos y servicios con fines mediatos e inmediatos.

2.- Desarrollo

El moderno medio de comunicación digital es un auténtico conducto de interlocución y no un simple medio de espotización mercadotécnica (Trejo, 2010). De conformidad con la Asociación Mexicana de Internet (AIMX, 2014) el nivel de retroalimentación es alto, de hasta 323 reacciones por publicación, donde un 56 por ciento de personas expuestas a la publicidad en la red ha adquirido un producto.

De acuerdo con la Asociación Mexicana de Internet citada por

56

el Instituto Belisario Domínguez, órgano acádemico y de investigación del Senado de la República (2016) en México había 65 millones de usuarios de internet en 2015, el 59 por ciento de la población nacional.

La población usuaria de internet para fines comerciales se concentra en la edad de 18 a 44 años con el 76%, con un consumo comercial total de 396.04 miles de millones de pesos en 2017 (AIMX, 2018).

El 79 por ciento de las empresas utilizan redes sociales para posicionar sus productos o marcas. El estudio de Marketing Digital y Social Media 2014 indica que solamente las empresas encuestadas tenían 1.8 millones de seguidores en Facebook y Twitter (AIMX, 2014).

Los medios on line que tienen como característica un alto nivel interactivo, permiten la desmasificación de los medios de comunicación (Barbosa, 1995) a través de la personalización o diseño especifico de la comunicación.

Esta circunstancia potencia el crecimiento de los medios digitales (Arens et al, 2000), con la ventaja, de que permite superar la saturación publicitaria en los medios masivos (Madrid, 2000). La publicidad se va haciendo personalizada, incluso con o sin permiso del cibernauta, generando cambios considerables para la práctica del Marketing (García Medina, 2017).

Pero ¿con tantas bondades de los medios on line, por qué considerar a los medios off line?

Una respuesta es por su carácter de entretenimiento (Pérez, 2000), mediante el cual se persuade con fines comerciales o políticos. Esto aún y cuando se trata de mecanismos de participación limitados (Masip et al, 2014), sin interacción y con un espectador pasivo (Gómez et al, 2011).

Los medios masivos se hacen necesarios para dar a conocer un producto o un bien (Velázquez, 2010), a segmentos específicos donde los medios digitales no llegan o lo hacen con debilidad.
Pero resulta ilógico que frente a esas ventajas con que cuentan los medios on line, los medios tradicionales particularmente la televisión abierta, presenta ventas de 4 a 1 en relación con la publicidad en internet (Mancera, 2015).

De acuerdo a éste análisis de Mancera (2015), representante en México de la firma Ernest & Young, el medio que más influye en la decisión de compra de productos de consumo en México es la televisión (43%), seguido por la internet (9.6%), la radio (4.7%), y los periódicos (2.4%) (Mancera, 2015).

¿Qué hacer frente a esta realidad, con una penetración incesante de medios on line y la innegable utilidad de los medios off line?

El objetivo de la mercadotecnia al final es generar impacto (Fernández, 2008) mediante el uso de todos los medios posibles, con el fin de lograr los objetivos comerciales, cualesquiera que estos sean, el posicionamiento de la marca o la venta.

El marketing es un proceso integral (Dávila et al, 2014), que utiliza las múltiples posibilidades mediáticas para emitir sus mensajes.

En ese carácter integral participan los diversos medios de comunicación como sostienen Corella (1998) y Fernández (2008), con el fin de fortalecer imagen, marca y posicionar productos. Pese a la desventaja de los medios tradicionales frente a los digitales, ambos tipos de medios son complementarios mediante un marketing mix o mezcla de medios publicitarios (Calicchio, 2016; Govea et al, 2012); Lara (2006) lo ve necesario en una auténtica sociedad teledirigida, con fines de mayor rentabilidad (Pelayo et al,

2014): la mercadotecnia estratégica como cimiento de la comunicación integral (Treviño, 2005).

Por ello, la publicidad difícilmente prescinde de los medios de comunicación masiva, punto en el cual Fischer y Espejo, citados por Socatelli (2011) concuerdan.

Al respecto, Mancera (2015) propone una mercadotecnia multiplataforma, particularmente en México, donde la Televisión Abierta presenta el mayor rendimiento en niveles de gasto (87%), inversión (73%), alcance en hogares (88%) y efectividad tanto en ventas (43%) como en lealtad de clientes a largo plazo, frente a un internet pulverizado, que aún tiene camino que recorrer en esos indicadores.

3.- Conclusión

Las características de los medios de comunicación on line permiten una mayor ventaja en entretenimiento, interacción, personalización de contenidos y menor saturación de publicidad.

Contrario a ello, los medios de comunicación off line conservan nichos de audiencia masivos, en particular la radio y la televisión, cuya gratuidad constituye una ventaja competitiva para los segmentos poblacionales de menor ingreso, incluido el 41 por ciento que carece de internet.

Contrario a lo que se piensa de los medios tradicionales, aún conservan la pauta publicitaria mayoritaria en el país, con los mejores resultados mediatos e inmediatos de ventas y fortalecimiento de marca.

Los medios de comunicación tradicionales son una opción obligada para el marketing. Considerarlos es indispensable para construir una adecuada mezcla publicitaria, para llegar a nichos de audiencia cautivos, donde los medios digitales requieren un reforzamiento en el mensaje, mediante spotización o masificación.

Estamos frente a una especie de transición, donde el consumidor milenial o centenial, no tiene problema alguno con prescindir de los medios tradicionales, pero los consumidores que nacieron antes de la década de los ochentas se encuentran en la encrucijada de aprender a utilizar los modernos medios digitales, aún y cuando aún son cautivos de los medios tradicionales. Elemento a tomar en cuenta en una adecuada planeación y ejecución de marketing.

La mezcla de medios off line y on line es necesaria para

cumplir el objeto de la mercadotecnia.

Bibliografía

AIMX, (2018) Estudio de comercio electrónico en México en 2018, https://www.asociaciondeinternet.mx/es/component/remository/ Comercio-Electronico/Estudio-de-Comercio-Electronico-en-Mexico-2018/lang,es-es/?Itemid=, Recuperado el 18 de febrero del 2019.

------ (2014) Estudio de Marketing Digital y Social Media 2014, https://www.asociaciondeinternet.mx/es/component/remository/ Marketing-Digital-y-Redes-Sociales/MKT-Digital-y-Redes-Sociales-en-Mexico-2014/lang,es-es/?Itemid=, Recuperado el 4 de Marzo del 2019.

Arens, W. F., Sánchez, R. M. R., Arcaute, I. R., & Dommete, J. (2000). Publicidad. Mc Graw-Hill.

Barbosa, C. A. (1995). Hipersegmentación de los Mercados en la Nueva Era del Marketing Relacional. Boletín de lecturas sociales y económicas, 7, 12-16.

Calicchio, S. (2016). El marketing de manera sencilla. La guía práctica sobre las estrategias básicas de mercadotecnia profesional y orientación comercial.

Coca Carasila, M. (2006). El concepto de marketing: pasado y presente. Perspectivas, 9 (18), 41-72.

Corella, M. (1998). Perfiles de la comunicación en las organizaciones. El poder de la comunicación en las organizaciones. México: Valés Editores/Universidad Iberoamericana, 159-192.

Dávila Ruiz, D., & Sibaja Ramírez, R. (2014). Estrategia de comunicación integral de mercadotecnia para una ONG con enfoque educativo (Integrated marketing communication strategy for an NGO with educational approach). Innovaciones de negocios, 11(21), 15-34.

Diario, El; (2019) consultado el 23 de marzo del 2019. https://diario.mx/estado/cierran-el-heraldo-de-delicias-y-de-cuauhtemoc-20190322-1493448/.

El Economista, (2018), recuperado el 23 de octubre de 2019: https://www.eleconomista.com.mx/arteseideas/Ingresos-por-circulacion-de-periodicos-en-Mexico-llegaron-a-su-maximo-y-comenzaran-a-declinar-pronostica-PwC-20180920-0049.html.

Fischer, Laura; J. Espejo. 2011. Mercadotecnia. México. Mc Graw Hill. Cuarta Edición.

Fernández, M. D. L. L. (2008). Comunicación integral e industria publicitaria. Razón y Palabra, 13(63).

García Medina, I., & Farias Coelho, P., & Bellido-Pérez, E. (2017). New trends in Marketing due to the growth of Internet usage. Razón y Palabra, 21 (98), 276-285.

Gómez Castellanos, R. M., Ortiz Marín, M., & Concepción Montiel, L. E. (2011). Tecnologías de la comunicación y política 2.0. Espacios públicos, 14(30).

Govea, M. G., Chacón, R. G. M., & Dávila, J. M. (2012). El enfoque de la publicidad y promoción de ventas en la mercadotecnia. Observatorio de la Economía Latinoamericana, (175).

Himpe, T., Himpe, T., Danto, A. C., Sabbagh, A., Ardila, R., Palmero, F., ... & Gorráez, M. C. (2008). La publicidad de vanguardia. Boletín NA Julio, 25, 07-12.

Madrid, J. E. (2000). Dinámica de mercado, globalización y medios de comunicación en México. Números.

Mancera SC (2015). ¿La estrategia de medios de tu compañía tiene la dirección adecuada?. Ed. Ernest & Young Global.

Masip, P., & Suau, J. (2014). Audiencias activas y modelos de participación en los medios de comunicación españoles. Hipertext.

net: Revista Académica sobre Documentación Digital y Comunicación Interactiva, (12).

Mestre, M. S., Villar, F. J. V., & Guzmán, A. D. C. S. (2014). Fundamentos de mercadotecnia. Grupo Editorial Patria.

Merca2.0-1, (2019), recuperado el 23 de octubre de 2019: https://www.merca20.com/distribucion-de-la-publicidad-en-mexico/.

Merca2.0-2, (2019), recuperado el 23 de octubre de 2019: https://www.merca20.com/infografia-estos-son-los-periodicos-de-mayor-impacto-en-mexico/.

Merca2.0-3, (2019), recuperado el 23 de octubre de 2019: https://www.merca20.com/los-10-periodicos-mas-influyentes-en-mexico/.

Pelayo, C. A. D., Martínez, E. F. L., Monroy, R. G., & Ortiz, C. L. P. (2014). Mercadotecnia digital y publicidad on line. Editorial Universitaria| Libros UDG.

Pérez, A. M. (2000). Identidad, sentido y uso de la radio educativa. Salamanca, 387-404.

RAE (2019), Real Academia Española, https://dle.rae.es/?id=L5XUXMS, consultado el 11 de febrero del

2019.

Romero, K. M., & Villagra Olivas, L. M. (2014). La aplicación de la mezcla de mercadotecnia en la empresa de servicio Barista Café Nica en la ciudad de Matagalpa, II semestre, 2013(Doctoral dissertation, Universidad Nacional Autónoma de Nicaragua, Managua).

Socatelli, M. (2011). La Promoción & La Gestión de Medios. Promonegocios wed site. [On line].

Segob, (2019), recuperado el 23 de octubre de 2019: https://pnmi.segob.gob.mx/reporte/tramite#circulacion-y-distribucion-geografica.

Statista, (2019), recuperado el 23 de octubre de 2019: https://es.statista.com/estadisticas/627738/gasto-anual-de-publicidad-mexico/.

Tavares, Rodrigo, (2019), "Como pueden sobrevivir los periódicos. Midiendo su impacto social", consultado el 25 de febrero del 2019, https://www.weforum.org/agenda/2019/02/how-can-newspapers-survive-by-measuring-their-social-impact/.

Velázquez, H. G. (2010). La publicidad y su análisis en lingüística y mercadotecnia: publicidad para hispanos en los Estados Unidos.

Revista Iberoamericana de Lingüística, 5.

Zenithmedia, (2016), recuperado el 23 de octubre de 2019: http://www.zenithmedia.com/global-adspend-to-grow-by-5-in-2015-and-by-6-in-2016-2/

Acerca de los autores

Socorro Márquez Regalado. Máster en Derecho Electoral, Licenciado en Derecho y Licenciado en Filosofía. Profesor-Investigador de Tiempo Completo de la Facultad de Ciencias Políticas y Sociales de la Universidad Autónoma de Chihuahua.

Roberto Piñón Olivas es abogado, con una Maestría en Administración, candidato a Doctor en Administración por la Facultad de Contaduría y Administración. Es periodista empírico, y catedrático de la Facultad de Ciencias Políticas y Sociales de la UACH.

Roman René Medrano Carrasco tiene licenciatura y Maestría en Periodismo. Ha laborado para diversos medios de comunicación y fungido como jefe de prensa en varios ámbitos gubernamentales. Actualmente es catedrático de la Facultad de Ciencias Políticas y Sociales de la UACH.

www.ingramcontent.com/pod-product-compliance
Lightning Source LLC
Chambersburg PA
CBHW020008290326
41935CB00007B/346